AF357269

ZADIG,

OU

LA DESTINÉE,

MÉLODRAME HÉROIQUE,

EN TROIS ACTES, A GRAND SPECTACLE,

Tiré des Romans de Voltaire ;

Orné de Danses, Combats, Tournois, Evolutions
militaires, Pantomimes, etc.

PAR M. BARTHELEMY H***.

Musique de M. TOBIE.

Ballets de M. HUS, le jeune.

*Représenté, pour la première fois , à Paris ;
sur le Théâtre de la Gaîté , le 7 Fructidor
an XII, (25 Août 1804.)*

A PARIS,

Chez PAGES, au Magasin de Pièces de Théâtre,
boulevard Saint-Martin , N°. 25, vis-à-vis le
Théâtre des Jeunes-Artistes.

AN XII. (1804.)

PERSONNAGES.   'ACTEURS.*

ASTARTEE , reine de Babylone.   *Mlle. Planté.*

AZORA , princesse confidente d'Astartée.   *Mlle. Rivet.*

ZADIG , prince Babylonien , amant d'Astartée. *M. Marty.*

CADOR , confident de Zadig.   *M. Melchior.*

CORAMAN , gouverneur de Babylone. *M. Révalard.*

ALAKI , confident de Coraman. *M. Saint-Aubin.*

OLAMAN , premier ministre.

MIMPHA , suivante d'Astartée, personnage muet.

TOLAS.

YTABAS.

ZENOBE.   } Chevaliers Babyloniens.

OLAMA.

JOBAS.

Le Grand-Mage , Mages , Vieillards du Peuple.

Héraults-d'armes , Gardes , Peuple , un Esclave parlant.

Danseurs et Danseuses.

La Scène se passe à Babylone , dans le palais de la Reine.

Les Chevaliers ne doivent avoir leurs costumes que quand ils se présentent aux combats , et ne quittent leurs casques , qu'à l'instant où Zadig et Coraman sont reconnus.

ZADIG,

MELODRAME.

ACTE PREMIER.

Le Théâtre représente une salle du palais de la Reine de Babylone.

SCENE PREMIERE.

CORAMAN, ALAKI, QUELQUES GARDES

ALAKI.

Oui, Coraman; je crains que ce combat ne vous soit funeste. Et le succès de nos projets est bien douteux. Que n'avez vous détruit tous vos rivaux qui vous paraissent si redoutables ?

CORAMAN, *fait signe aux gardes de se retirer.*

(*A part.*) J'ai fait assez de mal !

ALAKI.

D'après la volonté du peuple, que vous pourriez prévenir, le tournois qui se prépare, et l'explication des énigmes, doivent décider demain sans retour, qui sera le nouvel époux de la reine, et roi de Babylone; mais la crainte vous guide, et le trône et la reine vont vous échapper; ardent au cabinet, mais faible au combat, je vous vois aujourd'huy, si vous êtes vaincu, le dernier de l'état. Une fois descendu du faîte de la puissance, on vous accusera des maux de Babylone. Quand un homme est en place, la vérité se tait. Devient-il malheureux, la foudre qui l'écrase, éclaire ses forfaits. Pour parvenir enfin, rien ne vous a coûté ; osez vous maintenir, où...

CORAMAN.

Je t'entends ; mais quel parti prendre ?

ALAKI, *fièrement.*

Empêcher le tournois.

CORAMAN.

Le peuple qui le veut, pourra-t-il consentir...

ALAKI.

Et qu'importe le peuple ! J'ai gagné plusieurs de ses chefs ; ils entraîneront le reste. Croyez en mes avis, mon zèle, ma prudence.

CORAMAN.

Mais, la reine ramenée en triomphe dans la ville,
pourra-t-elle...

ALAKI.

Astartée, il est vrai, est généralement aimée, et ses
malheurs semblent encore avoir donné un nouvel éclat
à ses vertus. Sacrifiée par son père que guidaient des in-
térêts politiques, on sait avec quelle douceur elle supporta
les mauvais traitemens que lui fit éprouver le jaloux
Moadbar, dès les premiers jours de leur union. Sa patience,
et ses vertus que nous connaissions bien! déconcertant
nos projets, nous obtînmes son exil ; nous devînmes alors
maîtres de l'esprit du roi, et vous conservâtes votre place
de premier ministre. Astartée, doute encore que nous
sommes les artisans de ses maux, elle est fière, mais
sensible, c'est par-là qu'il fallait l'attaquer. J'ai su ré-
pandre adroitement le bruit, que son rappel est votre
ouvrage. Elle en a paru reconnoissante, profitons de ce
sentiment qu'elle croit vous devoir, pour la faire résister
aux volontés du peuple, puis...

CORAMAN.

Mais, Zadig ne peut-il pas ?

ALAKI.

Il ne doit point vous inquiéter. On a oublié que fils de
Clitabas, frère de Moadbar, il se montra dès sa plus tendre
jeunesse doué de toutes les qualités du cœur et de l'esprit ;
que modeste et franc, brave et prudent, il paraissait seul
digne de succéder à son père. A la mort de celui-ci, ne
sûmes nous pas profiter d'un moment de trouble adroitement suscité, et de quelques mécontentemens, causés
par Clitobas, les derniers jours de son règne, pour faire
proclamer Moadbar, au lieu de Zadig, et lui obtenir la
main d'Astartée. promise à ce dernier, ne sûmes nous pas
allumer sur-le-champ la jalousie dans le cœur du roi, qui
bientôt relegua Zadig dans une province avec le titre
pompeux de Vice-Roi, que nous ne tardâmes pas à lui
faire ôter ? Depuis, toujours errant et malheureux, il
n'a jamais reparu à la cour, et ce que j'ai pu alors, ne le
puis-je pas encore mieux aujourd'hui.

CORAMAN.

Crois-tu qu'il vive encore ?

ALAKI.

Je le crains ; car on m'a dit que depuis quelques jours
on avait vu roder près de ces murs, Cador, homme adroit
son intime ami ; mais, les émissaires les plus actifs sont à
leurs poursuites, et ni son confident, ni lui ne pourront
m'échapper si je puis découvrir leur retraite.

CORAMAN,

S'il reparaissait dans ce moment, je serais confondu.
Zadig, a encore une foule de partisans, et sa valeur...

ALAKI.

Apprenez enfin, un secret que j'ai gardé jusqu'à présent.
Lorsque la mort de Moadbar, que nous avions rendu odieux
à tout l'empire, nous parût nécessaire, pour assurer notre
triomphe et empêcher de découvrir la source de la calomnie;
moi seul, vous le savez, j'eus le courage de tenter ce coup
hardi. Profitant de la mêlée d'un combat où le roi com-
mandait en personne, je lui donnais adroitement la mort
qu'il crut recevoir d'un ennemi. Je me perdis dans la foule
promptement, puis me raprochant de lui, et cachant ma
joie, sous l'apparence de la douleur, je le pris dans mes
bras: voici ses dernières paroles: » qu'on rappelle la
» reine que j'ai injustement exilée, et qu'elle partage avec
» Zadig, un trône, sur lequel il était seul digne de
» monter. » Il expira en prononçant le nom de Zadig. Je
fus le seul qui entendit ces mots; et si Zadig eût paru dans
ce moment; tous nos travaux étaient perdus.

CORAMAN.

Le sort nous a servis et peut encore...

ALAKI.

Il n'y a pas un moment à perdre. Servons nous de la
reine pour arriver au trône: sauf à l'en éloigner dès demain pour toujours.

CORAMAN.

Oui... mais comment vaincre sa fierté ?

ALAKI.

A son approche, feignez d'être de l'avis de ceux qui
l'accompagnent. Puis, dans un entretien particulier que
je saurais vous ménager avec elle. Plaignez la contrainte
où le peuple la réduit pour le choix d'un époux, faites
parler l'orgueil, la gloire, l'amour, la vertu, la pitié,
mais cachez l'ambition, voilà les vrais moyens de gagner
une femme. Ignorant que votre main a forgé ses premières
chaînes, elle pourra l'accepter, si non, par amour, du
moins par reconnaissance. Et si malgré la longue absence
de Zadig; elle venait à préférer son nom, que la certitude
de sa mort, que vous lui annoncerez, efface un souvenir
qui lui est peut-être cher, et lève ainsi le dernier obstacle
qu'elle pourrait opposer.

CORAMAN.

Ami, trop généreux, je suivrais ton conseil.

ALAKI.

Sur-tout flattez Azora, cette princesse, confidente
intime d'Astartée, elle a tout pouvoir sur son cœur. Mé-
fions nous d'Olaman, de ce vieux ministre qui ne la quitte
jamais. (*On entend une musique douce dans le lointain.*)
Mais, la voici qui s'avance. Sachez ramper encore un instant afin de vous élever pour toujours.

SCENE II.

LES PRÉCÉDENTS, AZORA, OLAMAN, MIMPHA.

*Une marche légère annonce l'arrivée de la jeune Princesse,
quelques gardes la précèdent*

CORAMAN, *allant au devant de la Princesse.*

INTÉRESSANTE Azora, votre présence annonce l'aurore
d'un beau jour, que je vous revois avec un respectueux
attendrissement.

AZORA.

Je précède de peu d'instans, la reine, que les acclama-
tions et la joie du peuple la vengent bien aujourd'hui des
méchants qui l'ont persécutée ! Enfin, le juste ciel
protecteur de la vertu la rappelle au trône. (*Coraman
paraît se troubler.*) Et d'après quelques avis... (*le fixant.*)
sont-ils vrais ? Ce bonheur passe pour être votre ouvrage ?

CORAMAN, *avec hypocrisie.*

Faire cesser les larmes de la beauté malheureuse, est
le devoir de tout brave chevalier.

OLAMAN, *avec dignité.*

Empêcher la reine d'en verser, était le devoir de tout
noble Babylonnien.

CORAMAN.

J'ai longtems gémi du triste sort où elle était réduite,
ainsi que l'infortuné Zadig, de cet ami qui me fût si cher.
Je ne pouvais rien alors. Mais enfin, par mon zèle et par
mes soins, j'ai su gagner l'estime des Babylonniens, et le
premier emploi de ma puissance dans ces murs depuis la
mort de notre malheureux monarque, puisse cette marque
de mon dévouement me mériter sa confiance.

OLAMAN.

Si vous aviez fait ce que vous dites, on vous la devrait.

AZORA.

Bien des propos sembleraient au contraire...

CORAMAN.

Ma gloire est intacte, ... eh ! quoi la reine aurait-elle des
soupçons... ?

AZORA.

Les conditions que l'on ajoute à son triomphe, révoltent
sa noble fièrté.

CORAMAN.

Elles sont dictées par l'intérêt de l'état.

OLAMAN.

Tant quelle régna, elle en fit sa principale étude. Et
pourquoi la contraindre aujourd'hui à recevoir un époux
que le sort d'un combat doit donner.

C O R A M A N, *avec mystère.*

Je puis parer à tout, et si la reine veut m'accorder un moment d'audience, je lui prouverais qu'il lui reste encore de vrais amis et des sujets fidèles. Mais...

S C È N E I I I.

LES PRÉCÉDENS , ASTARTÉE , MAGES , OFFICIERS , CHEVALIERS , *jeunes Garçons , jeunes Filles , Gardes.*

» Une musique guerriere, d'abord dans le lointain, aug-
» mente d'un moment à l'autre. Une garde nombreuse
» arrive et se range sur la scène. Suivent des jeunes gar-
» çons et des jeunes filles, tenant des guirlandes et des
» panniers de couronnes de fleurs DEUX mages font porter
» devant eux sur un riche coussin , la couronne que l'on
» doit donner à la reine. Astartée est entourée de plu-
» sieurs officiers , et précédée de quatre des chevaliers
» qui doivent combatre au tournois , ils n'ont point
» encore leur costume du combat Elle arrive au milieu
» de la scène. Un des mages lui fait présenter la couronne
» La musique exprime le moment de la présentation.

L E G R A N D M A G E.

Illustre princesse , la vertu et la valeur vont triompher aujourd'hui, le sort qui vous persécuta trop long-temps, vous rend à notre amour. Et le bonheur commence pour nous. Le peuple justement indigné de la tyrannie de votre époux , ne veut d'autre chef maintenant que celui que lui don-neront la sagesse et le courage. Sans énergie et sans vertus , un état ne peut se maintenir. Vous possédez les unes, celui qui va partager l'empire avec vous, possédera l'autre. Car vous allez épouser le plus brave de nos chevaliers.

A S T A R T É E, (*avec fierté*).

Peuple de Babylonne , ne puis-je en abdiquant cette om-bre de puissance , me retirer paisiblement dans les états de mon père. Mon innocence est reconnue , je n'en voulais pas d'avantage , ne pouvant choisir qui doit règner avec moi , d'ailleurs par mes longs-chagrins , la grandeur me serait importune. Quaud j'ai consenti à revenir à Babylone , je l'ai fait non pour recevoir la loi , mais......

O L A M A N.

Le peuple en la dictaut , croit avoir trouvé son bonheur et le vôtre.

A S T A R T É E.

Olaman , que vous le connaissez mal le peuple..... Minis-tre de l'état , il dût être cependant l'objet de votre première étude , mais vous n'en avez reçu que des faveurs , et moi...

OLAMAN.

Il avait été trompé !

CORAMAN.

(*à part*) Et le sera encore. (*haut*) la mort de notre roi, fit connaître votre innocence ; il avoua que des méchans l'avaient surpris, et je me suis empressé de publier sa déclaration.

ASTARTÉE.

Et bien si je fus innocente ; Zadig le fut aussi ; pourquoi n'est-il pas rapellé ? lui seul.

CORAMAN.

Madame, Zadig.....

ASTARTÉE, (*avec vivacité*)

Zadig...! eh ! bien !

CORAMAN, (*d'un air contraint*)

Il n'est.... plus....

ASTARTÉE, (*afligée*)

(*à part*) Je n'ai plus qu'à mourir.

CORAMAN.

(*à part*) Puisse sa mort m'être biéntôt confirmée ! (*haut*) La douleur semble vous abatre. Et quoï ! la mémoire d'un prince, qui doit peu vous intéresser, viendrait-elle porter le trouble dans votre ame, le jour de votre triomphe.

ASTARTÉE.

(*à part.*) Elle y porte la mort. (*haut*). Qui doit peu m'intéresser dites-vous.... il fut malheureux.

CORAMAN.

Illustre princesse, vos regrets sont superflus. Oubliez vos malheurs.

ASTARTÉE, (*avec force*)

Mes malheurs... je ne puis pas les oublier plus que le nom odieux de mon persecuteur. Chevaliers et vous peuple, écoutez-moi. Si le sort du combat me met en son pouvoir, je vous declare que loin de l'associer à mon trône, je vous montrerai au milieu de la lice même, des champs d'allégresse ; comment une femme sait mourir. (*aux chevaliers*) Vous qui aspirez à la couronne, aprenez qu'il en est parmi vous que j'estime, d'autres que je méprise, mais il en est un surtout que j'abhore. (*Elle jette sur Coraman, un regard de fureur*).

CORAMAN, *à part.*

Son coup d'œil furieux semble me désigner. Serais-je découvert ?

ASTARTÉE.

Si j'accepte la couronne souvenez-vous que ce n'est que pour ma gloire. Lorsque mon front en sera ceint, je vous dirai ma volonté.

» Une brillante musique célèbre le couronnement de la rei-
» ne, deux vieillards aux nom du peuple la couronnent.

OLAMAN, (à *Astartée*).

Le peuple de Babylonne . vous rend une couronne que
vos vertus et vos bienfaits n'ont jamais cessé de mériter.

» On exécute une marche majestueuse La Reine traverse
» la scène, on la conduit à son trône. Elle s'y assied,
» se relève, et dit :

ASTARTÉE.

Tant que les armes et l'explication des énigmes, n'au-
ront pas décidé qui doit être le roi, vous devez m'obéir
voici peut-être le dernier ordre que je donne. Qu'il soit
exécuté... Que le tournois précède de trois heures le cou-
cher du soleil. Que toutes mes troupes soient sous les armes.
Que des amphithéâtres nombreux puissent contenir la mul-
titude, que les héraults d'armes annoncent au nom du peuple
que Zadig était innocent, l'on doit à sa mémoire cet acte
de justice. Qu'une fête brillante soit préparée pour le vainqueur. Qu'un autel soit préparé pour offrir l'encens aux
dieux, moi-même, j'en allumerai le feu.... Peuple et vous
chevaliers vous m'avez entendu.

» Les gardes font une double marche sur la scène, au son
» d'une musique analogue aux dernières paroles de la
» reine, puis ils sortent. Les jeunes filles et les jeunes
» garçons exécutent une danse légère, pendant laquelle
» Astartée à l'air livrée à une sombre douleur, et par fois
» à des mouvemens qui annoncent le desespoir. La danse
» finit.

ASTARTÉE.

Intéressans enfans, jeunesse aimable et sensible, l'ex-
pression du sentiment se peint dans toutes vos actions,
puissent les Dieux vous rendre plus heureux que moi. (à
zelphta). Qu'on les comble de bienfaits, que mon souvenir
se grave dans leur cœurs, et me mérite leurs regrets. Ce
soir ils entoureront le trône que je dois occuper aux tournois.

» Tout le monde défile. Les jeunes filles et les jeunes gar-
» çons déposent en dansant, leurs guirlandes autour du
» trône. Musique gaie et legère.

SCÈNE IV.

ASTARTÉE, AZORA.

AZORA, (*avec intérét*).

Funeste rapel ! triomphe imposteur.!! Que ne sommes-
nous encore dans notre exil ! la du moins mon amie rece-
vait les consolations de l'amitié. Je vivais pour elle : elle
semblait vivre pour moi. J'ai tout perdu.... Astartée, qu'est

devenu ce courage ? Cette philosophie qui vous faisait tout
endurer.

A S T A R T É E.

. La philosophie a de l'empire sur un esprit faiblement
agité , mais les peines du cœur sont sans remedes.

S C E N E V.

L E S P R É C É D E N T E S , UN ESCLAVE.

L ' E S C L A V E.

Un esclave muet se présente avec une lettre... Il a fait
entendre par ses signes qu'il ne voulait la remettre qu'à
vous , madame.

A S T A R T É E.

Qu'il entre (*l'esclave sort*). Quelque piége nouveau...
ah ! je m'attends à tout des perfides humains.

A Z O R A.

Et quoi !.... Vous craigniez.

S C E N E V I.

» LES PRÉCÉDENTES . CADOR , déguisé en esclave Baby-
» lonien. Musique douce exprimant la crainte. Cador
» remet une lettre à Astartée.

A S T A R T É E , (*l'ouvre avec précipitation*).

» Reine de Babylone, Zadig respire , et ce n'est que pour
» vous. (*transportée de joie*). Zadig respire, ah ! ma chère
Azora , je ne veux plus mourir.

(*Elle continue de lire , Cador est attentif*).

» Le destin qui me persécute depuis long-tems, me ra-
» mene dans ces murs , et c'est pour être témoin de votre
» hymen, vous devez être le prix du vainqueur , ah ! Si
» Zadig . pouvait être encore aimé ? S'il pouvait se présen-
» ter dans la lice pour vous mériter ? Faites le moi savoir.
» Cet esclave est sûr : souvenez-vous que votre reponse sera
» l'arrét de ma mort , si elle n'est conforme à mes désirs.
(*à Azora.*) Marchez Azora , ce jour est celui de son triomphe.

A Z O R A.

S'il était reconnu.

A S T A R T É E.

Il ne le sera que pour recevoir ma main.

C A D O R (*à part.*)

Zadig est aimé , je ne crains plus de lui donner cet autre
billet. (*il lui remet un second billet.*)

A S T A R T É E.

» Craignez tout de Coraman , il est la cause de vos maux,

(11)

» des miens et des malheurs de Babylone. Tous mes soupçons étaient fondés. Je l'avais bien dit : tu est la seule à qui
je puisse me confier , emmène cet esclave , fais lui remettre
pour Zadig , l'armure blanche la plus brillante, que sa devise soit : *Tout à l'amour et à la gloire*. Marque lui bien que
l'instant du tournois approche , fais diligence , tu sers l'a-
mour, ma gloire et l'amitié.

S C E N E V I I.

A S T A R T É E , *seule.*

Je vais donc te revoir , objet infortuné , qui fait tout mon
bonheur , puisse-tu triompher de tous tes rivaux et percer
le sein de l'infâme Coraman , ah ! mon cher Zadig , ami
tendre et généreux , vaillant et sage , je ne veux vivre que
pour toi. C'est toi seul que je veux placer sur le trône.

S C E N E V I I I.

A S T A R T É E , A L A K I , GARDES.

A L A K I.

Madame , le gouverneur de Babylone , demande l'honneur d'une audience, il a d'importants secrets a vous revèler

A S T A R T É E.

Il peut se présenter.

A L A K I , *sort.*

A S T A R T É E , *seule.*

Perfide Coraman...... Mais il s'avance, sachons dis-
simuler , flattons son ambition pour assurer ma vengeance.

S C E N E I X.

A S T A R T É E , C O R A M A N , A L A K I GARDES.

C O R A M A N , (*la saluant hypocritement*).

J'ai desiré Madame un moment d'entretien, vous voulez
bien me l'accorder et ma reconnaissance.......

A S T A R T É E , (*fièrement.*)

Que voulez-vous de moi.

C O R A M A N.

Votre bonheur madame et celui de l'état.

(*aux gardes.*)

Gardes retirez-vous (*bas à un d'eux.*) Qu'un veille aux
avenues et qu'on m'avertisse. (*à Alaki.*) Vas flatter mon
parti de l'espoir du succès , échauffe, agis, promets, donne,
et que le triomphe recompense ton zèle.

(*Tout le monde se retire.*)

SCENE X.

ASTARTÉE, CORAMAN.

CORAMAN.

Enfin Madame calmez ce couroux que m'annoncent vos regards.

ASTARTÉE (*fièrement.*)

Celui qui n'a rien à se reprocher, ne peut jamais rien craindre.

CORAMAN.

S'il y a du mérite à faire son devoir, j'ai quelques droits à votre estime !........ Je venais vous parler des destins de l'état, est-il raisonnable de vous forcer de recevoir un époux des hazards d'un combat.

ASTARTÉE.

On ne le peut....... On ne le doit.

CORAMAN.

Tel est mon sentiment... Mais il est des moyens à prendre, et si vous le voulez..... je vais vous les proposer...... vous ne repondez point madame.

ASTARTÉE.

Je ne puis rien vous dire.... La volonté du peuple dont on s'appuye pour me tyraniser ne souffre pas de replique.

CORAMAN.

Le peuple.... croyez-moi madame, il n'est point redoutable pour vous, je sais quand il le faut le conduire à mon gré, et si vous daignez écouter mes raisons, je promets de vous le rendre soumis, cela depend de votre choix.

ASTARTÉE (*à part.*)

Quelle audace ! contraignons-nous. (*haut.*) dictez-le moi vous même ce choix j'y souscrirai s'il convient à ma gloire.

CORAMAN.

Je ne puis lire en votre cœur.

ASTARTÉE (*avec douceur.*)

Irtérogez le votre, vous voulez mon bonheur, il doit y être écrit.

CORAMAN (*à part*).

Elle se donne elle-même ; mon triomphe est certain ; (*haut*) votre bonheur madame fait ma plus douce étude.

ASTARTÉE.

Eh bien s'il est ainsi, parlez.

CORAMAN.

Celui qui peut chérir justement Babylone, celui qui peut prétendre à la main d'Astartée ; je dis plus, le seul qui le mérite par ses services, c'est........

ASTARTÉE.

Un instant, Coraman, avant de le nommer repondez

moi; a-t-il les qualités qu'exige votre reine ? Il faut qu'il soit d'un rang égal au mien, qu'il joigne la valeur à la vertu ; qu'il ait plaint mes malheurs et les ait fait cesser, voilà le seul homme que je puisse choisir pour époux.

CORAMAN.

L'époux qui vous convient, madame, n'a pas besoin d'ayeux, ses travaux pour l'état, voilà son plus beau titre, notre naissance dépend du hazard, mais l'estime de tout dépend de nos vertus.

ASTARTÉE.

Quelque-fois.... Coraman écoutez; vous connaissez mon cœur, il est sans artifice comme sans politique, nommez-moi celui que vous me destinez.

CORAMAN *(transporté.)*

Il a tout employé pour votre bonheur, il est tout à l'amour si la reconnaissance vous parle en sa faveur, il peut assurer votre puissance, en un mot madame, en m'associant à votre trône, vous recompensez mon zèle, vous consolidez votre gloire et celle de l'état.

ASTARTÉE *(avec énergie.)*

Enfin, j'ai réussi, je voulais te connaître perfide artisan de tous les maux de ma patrie, tu oses me présenter une main souillée par les forfaits. Ton artifice est trop bas, et la fausse pitié n'est que le masque de ton ambition. Lâche parvenu par l'intrigue, si tu devais ta prospérité à tes talens, à tes vertus. Si ton front était ombragé d'un honorable laurier ; tu pourais....... mais c'est trop m'avilir que d'en dire d'avantage.

CORAMAN *(troublé).*

Vous ajoutez foi à de vains propos, ouvrage de la calomnie; moi qui toujours....

ASTARTÉE.

Tu est à mes yeux le plus vil de tous les mortels ; tu crains le tournois, eh ! bien il aura lieu, mais souviens toi que cette même main que je serai forcée de te donner, oui je te le repette, cette main à l'instant de ton triomphe te le fera payer bien cher, emporte ce présage il est sacré comme celui des dieux.

(Elle dit ces derniers mots d'une voix concentrée.)

CORAMAN *à part.*

Je ris de tes menaces femme téméraire, et cette nuit. *(bas)* eh quoi madame, voilà la recompense de mes bienfaits, mais je saurai malgré vos mépris vous prouver que je suis digne de vous. Cette colère ne peut me détacher de mon auguste princesse. Vous connaitrez enfin ce Coraman et vous serez forcée de lui rendre justice.

Il la salue de la manière la plus respectueuse.

En s'en allant (à part.)

Tremble et redoute ma haine.

» Il se retourne et la salue encore, Astartée le regarde
» aller avec fierté ; puis reviens sur la scène. Coraman
» sort comme un furieux.

SCENE XI.

ASTARTÉE, ZADIG, *il doit avoir des habits comme
l'esclave muet qui a paru à la scène sixième.*

A Z O R A. (*vivement tenant Zadig par la main*).

VOTRE ordre est exécuté. L'esclave à tout porté le voici
de retour il vient vous jurer que l'amour et l'honneur de
vous rendre libre.

A S T A R T É E (*reconnaissant Zadig.*).
Zadig ! (*elle tombe évanouie dans les bras d'Azora.*)

Z A D I G (*se jettant à ses pieds*)
Infortunée princesse, Zadig est à vos pieds, donnez un
regard à l'ami le plus tendre. à l'amant le plus fidèle,
maintenant ce doux nom m'est permis, jamais je n'osai
vous parler de ma flamme, votre vertu, le nœud qui vous
enchaînait tout fut sacré pour moi.

A S T A R T É E, (*revenant a elle.*)
O Zadig ! seul ami qui me reste, je vous revois, mais
dans quel instant.

Z A D I G.
Dans celui de mon bonheur, l'armure que vous m'avez
envoyée, est pour moi l'égide de minerve, la massue d'her-
cule, je saurai vous montrer aujourd'hui quel est le pouvoir
de l'amour.

A S T A R T É E.
Et comment avez-vous pu échapper à la persécution de
vos ennemis.

Z A D I G.
Toujours errant et fugitif, avec mon fidèle Cador. Je
lui dois la vie qu'il m'a vingt-fois sauvée en exposant la
sienne, il fut mon génie tutelaire. Enfin, le bruit de la mort
de Moadbar ; parvient jusqu'à nous , et l'on nous dit que
vous êtes remise sur le trône, l'amour est le père de l'espérance. Je forme à l'instant le projet de revenir dans ma
patrie , de vous voir et de servir dans vos armées, aux
portes de Babylone, j'apprends que le plus vaillant doit
vous mériter. je tente la demarche hardie de vous écrire ;
vous accueillez mes vœux je puis disputer la victoire et je
suis le plus heureux des hommes.

A S T A R T É E.
Depuis la mort du roi, j'ai senti que vous seul pouviez
gouverner Babylone. Mais craignez tout dans ce palais, si
vous y êtes découvert, la scélératesse et la perfidie y sont
au comble... comment avez-vous pu y parvenir.

Z A D I G.

A la faveur de cet habit et mon fidèle Cador doit avec un déguisement pareil, veiller à votre sûreté, à celle d'Azora et à la mienne.

A S T A R T É E, *avec tendresse.*

Ah conservez-moi Zadig. Il fait tout mon bonheur, souvenez-vous que si j'ai désiré remonter sur le trône, ce n'était......

(*On entend une musique guerrière.*)

A Z O R A.

Le bruit des armes et la musique guerrière annoncent l'heure du tournois, éloignez vous Zadig.

A S T A R T É E.

Partez promptement, et comptez que sur le champ de l'honneur, les yeux d'Astartée ne vous quitteront pas.

S C È N E   X I I.

ASTARTEE, AZORA, CORAMAN, LES CHEVALIERS *qui n'ont point encore les habits du combat Mages peuple* » Musique guerrière et harmonieuse. Marche de troupes » à leur suite; marchent les chevaliers. La reine est sur » son trône, un lui apportent les épées qu'elle distri- » bue, la musique exprime la haine, lorsque Coraman se présente pour recevoir son arme, la musique cesse.

A S T A R T É E, *à Coraman.*

Voilà votre arme. (*Elle lui montre un poignard qui est caché sous son manteau.*) Voici la mienne. » Coraman et le public seul doivent voir ce geste d'Astartée » Coraman exprime la rage-

Y T A B A S, *chevalier Babylonien.*

L'heure du tournois va sonner, nous ne sommes que cinq chevaliers de Babylone, mais un étranger est venu se faire inscrire.

A S T A R T É E.

S'il est brave, il doit-être admis.

C O R A M A N, *avec humeur.*

Il ne peut prétendre.

O L A M A N.

Il doit prétendre à tout, les vertus et la valeur, sont de tous les pays.

U N   M A G E.

Qu'il soit admis. » On apporte deux autels, les mages jette l'encens sur le » feu, et pendant qu'il brûle à l'honneur des Dieux, le » grand mage dit: les mains élévées au ciel.

LE GRAND MAGE.

Que le ciel protége le combat ; qu'un roi sage et magna-
nime , nous soit accordé, que la vertueuse Astartée puisse
trouver dans cet hymen, la prospérité de l'état et la sienne.

» Cette prière finie, neuf hercules symbole de la majesté
» du peuple et de la force , se présentent et exécutent
» un ballet. Après le ballet. Coraman présente sa main
» à Astartée qui la refuse et accepte celle d'Olaman.
» Marche de départ. musique analogue. Tout doit passer
» sur le devant de la scène, une partie des gardes et du
» peuple , les chevaliers, les mages , la reine entre,
» Olaman et un vieillard derrière elle , Azora et suit le
» reste du peuple, sort par les coulisses. La reine, les
» gardes qui l'accompagent, tous sortent par le fond du
» Théâtre.

Fin du premier Acte.

ACTE II.

» Au lever du rideau , des amphithéâtres sont préparés au
» fond du théâtre, pour recevoir le peuple. Près de l'a-
» vant scène, à droite, est le trône de la reine , et à
» gauche des places destinées aux mages et aux vieil-
» lards. La lice est spacieuse. De chaque côté et plus
» près de l'avant scène, sont deux autels placés , l'un aux
» pieds de la statue de Mars , et l'autre aux pieds de
» l'amour.

SCÈNE PREMIÈRE.

CORAMAN , ALAKI , CADOR *en esclave muet,*

ALAKI.

QUELQUE-SOIT l'issue du combat , Babylone verra ce soir
couler du sang, si vous n'avez la victoire, cet esclave
muet. (*Il montre Cador.*) que j'ai sçu m'attacher à force
de bienfaits et de promesse , est armé pour poignarder le
vainqueur.

CORAMAN.

Mais qui a pu me trahir auprès de la reine.

ALAKI.

Olaman , du moins je le soupçonne. Dans tous les
tems ce ministre nous fut contraire, il épia nos démar-
ches , et nous ne pumes jamais le faire chasser de son emploi. N'importe la même main qui doit frapper votre rival;
ne l'éparguera pas.

CORÁMAŇ.
Tu me fais accumuler crimes sur crimes.

ALAKI.
Ame faible, jouet d'un imagination timorée voulez-vous vous perdre... ! Quand on a commencé, par un' crime on doit finir par plusieurs. Demain assuré de la victoire par les coups terribles que cette nuit enveloppera de ses ombres ; vous sentirez ce que vaut l'amitié d'Alaki, il ne reste plus que Zadig dont il faut nous assurer. Ce muet connait sa retraite, et je me réserve l'honneur de vous en délivrer.

CORAMAN.
Eh ! bien... soît j'y consens.

ALAKI, *à part.*
Ma fortune est assurée, (*à Cador.*) reste ici jusqu'à l'arrivée de la reine, écoute attentivement ce qu'elle dira, ce que lui dira Olaman. Souviens toi, que tu dois suivre le vainqueur dans sa tente ; tu sais ce que je puis... Quelque soit celui qui triomphe, si ce n'est Coraman, doit périr.

(*Cador, lui fait un signe d'approbation.*)

CORAMAN, *à Alaki.*
Retourne au palais, notre absence pourrait donner des soupçons, ce chevalier étranger m'inquiéte... il peut...

ALAKI.
Ou vainqueur, ou vaincu, ce fer vous donnera la victoire. (*il sort avec l'air d'un scélérat.* (

CORAMAN.
Compte sur toute ma reconnoissance.

SCENE II.

CORAMAN, CADOR, *au coin du théàtre.*

CORAMAN, *a l'air de méditer quelques projets.*
Si je lui dois la couronne, son existence me devient dangereuse. (*musique.*) Il m'a montré le chemin du crime, rien ne me coûte plus Bannissons cette pusillanimité qui me perdrait. Que toutes les furies de l'enfer s'emparent de mon cœur, ambition, phantômes éblouissans, vous perdriez vous en fumées... Ah! le plus malheureux des hommes l'est moins que moi... Je ne puis pas même étouffer mes remords... Funeste idole de la grandeur, je t'ai tout sacrifié, parens, bienfaiteurs, amis beauté, innocence... Je me fais horreur à moi-même-

---

SCÈNE III.

LES PRÉCÉDENS, ALAKI

ALAKI.
On *recommence au palais* les délibérations sur l'étranger

qui veut entrer eu lice , j'ai adroitement dit quelques mots
qui ont semé la discorde, votre présence est nécessaire.
Empressez vous de venir consolider mon ouvrage.

CORAMAN.

Ami trop généreux , je te suis. (*ils sortent.*)

SCÈNE IV.

CADOR, *seul.*

O toi père de la nature , soleil bienfaisant, peux-tu prêter
ta lumiere à tant de forfaits ! vertueuse Astartée... Infortuné Zadig....! Qui vous préservera, je ne puis les voir....
Le ciel qui m'a inspiré de me vendre à ce monstre, pour
découvrir ses projets , voudrait-il m'abandonner. Mais
oublie tu que tu sers la vertu opprimée , cette cause est
juste aux yeux de la divinité , ranime ton courage. Ouf à
l'arrivée de la reine , au milieu du peuple , et des chevaliers
je déclarerais.... Non je me perdrais , et je ne les sauverais
pas. Ah ! Zadig, ah ! mon ami.... Oui l'idée est juste, ô
ciel pardonne-moi d'avoir douté un instant de ta bonté....
Alaki me croit muet, il m'a chargé d'épier les mouvemens
de la reine , et je m'approcherai , je.... et la vertu terfas-
sera le crime.

SCENE V.

» CADOR , reste au coin du théâtre , près du trône. La
» Musique la plus brillante se fait entendre , les troupes
» arrivent, grouppes de peuples. Les neuf hercules.
» Deux mages , quatre héraults d'armes en grand cos-
» tume. Les jeunes enfans portent sur un coussin , la
» couronne de l'aurier destinée au vainqueur. La reine
» conduite par Olaman et la jeune Azora , elle est suivie
» de Minpha Les jeunes enfans qui ont exécutés le
» balet du premier acte, ont des habits très-brillans dont
» la reine leur a fait présent... Gardes fermant la marche
» La reine est conduite à son trône , près d'elle sont
» Olaman, Azora et Mimpha, les mages et les vieillards
» vont à leurs places. On depose sur l'autel du Dieu
» Mars, le coussin sur lequel est posé la couronne de
» l'aurier. On exécute différentes évolutions. Le peuple
» à garni les amphithéâtres. Les jeunes enfans sont en-
» tre l'avant scène et le trône. De l'autre côté les neuf
» hercules. Les troupes sont placées de chaque côté.

OLAMAN.

Peuple de Babylone , vous avez-voulu que la valeur dans
le combat , et la sagesse dans l'explication des énigmes
décidassent quel serait votre roi. L'instant est arrivé , jurez
de lui être fidèle.

(19)

(à la reine.)

Et vous illustre princesse, jurez d'accepter pour le bonheur de votre patrie, l'époux que la victoire va vous donner.

» Musique pendant que la reine descends de son trône,
» arrivée au bord du théâtre, elle dit.

A S T A R T É E.

J'en jure par ce fer et par les mânes de mes ayeux

» Astarté apperçoit Cador, et donne ordre aux héraults
» d'armes, de sonner l'appel des chevaliers, et retourne
» à son trône. Les trompettes sonnent. Les chevaliers
» arrivent au nombre de cinq. Marche noble, musique
» majestueuse, les chevaliers ont la visiere baissée.
» Leur devise écrite sur le taffetas de même couleur
» que leur armure et attachée à leurs boucliers. Dans la
» marche ils portent leurs boucliers de manière que leur
» devise peuvent-être lues de tout le monde. Coraman à
» pour devise, à la valeur, Ytabas, à l'honneur, Zénobe,
» à la beauté, Olama, vaincre, Josba, à la bravoure.
» Ils vont attacher leur devises à l'autel de Mars, ils ne
» sont distingués que par leur couleurs et ne sont
» connus de personne, ils se placent de front à l'entrée
» de la lice.

Couleur des armures.

Coraman, verte, Ytab as, bleue; à volonté pour les
autres.

A S T A R T É E, bas à Cador.

Il ne paraît point.

C A D O R.

Il ne peut tarder, ne vous fiez qu'à moi, l'aurore de
demain doit éclairer des horreurs, si Coraman n'est vainqueur, vous et Zadig, courez-les plus grands dangers.

L E   M A G E.

L'étranger qui s'est fait inscrire est encore absent.

A S T A R T É E, l'air agitée.

Que les héraults d'armes fassent un second appel.

La trompette sonne.

» Zadig paraît vêtu de blanc, panache de même couleur,
» il salue le peuple et la reine de son épée, puis va at-
» tacher à la statue de l'amour, sa devise qui est à la
» gloire et à l'amour,

(Les chevaliers entrent dans la Lice.)

A S T A R T É E, avec joie.

Le voici.

C A D O R, bas.

Au nom de l'amour même, moderez vos transports,
Alaki vient près de moi, je feins de le servir, mais croyez
que je suit tous à vous.

A L A K I, *bas à Cador.*

Retourne au palais, épie tous les mouvemens, souviens-toi que ta fortune depend de ta fidélité, si tu me trahis, tu cours à la mort.

(*Cador sort.*)

(*Combat*).

» Le combat commence, le chevalier blanc et le chevalier
» vert, se battent les premiers, la reine doit montrer
» beaucoup dinquiétude pendant le combat. Le chevalier
» vert doit montrer tantôt de l'audace, tantôt de la la-
» cheté, il est terrassé après un leger combat, il se bat
» à la hache, son arme lui est ôtée, à l'épée il est dé-
» sarmé du premier coup, enfin au poignard et corps
» à corps, il est terrassé et roulé dans la poussière. La
» fureur que doit montrer Alaki, fait connaître quel est
» son maître.

A L A K I, *à voix basse.*

Le lâche.

» Coraman se retire. Il faut que la musique exprime l'ir-
» ronie, les autres chevaliers se battent avec bravoure.
» Mais le chevalier blanc est toujours vainque ur. Un
» seul, le chevalier bleu doit montrer une force presque
» égale à celle du chevalier blanc à la hache à l'épée
» au poignard, la victoire semble incertaine, le cheva-
» lier blanc est presque renversé.

A S T A R T É E, *à part.*

Il est vaincu.

» Le chevalier blanc se relève, enfin il terasse son adver-
» saire qui s'écrie. O chevalier blanc, à vous seul ap-
» partient de gouverner Babylone.

Musique de victoire.

» On amène le chevalier blanc aux pieds de la reine qui
» donne sa main à baiser, on lui-apporte la couronne
» de laurier.

A S T A R T É E, *en lui mettant la couronne sur la tête.*

Noble étranger, recevez le prix de votre valeur qui vous rend digne de partager mon trône.

O L A M A N, *à Zadig.*

Il vous reste a nous prouver votre sagesse en expliquant demain les énigmes qui vous seront présentées, et vous recevrez alors au nom du peuple, le bandeau royal.

» On conduit Zadig, auprès des vieillards qui le serrent
» dans leur bras, Astartée est transportée de joie. Alaki
» semble méditer quelque projet sinistre, et quitte la
» scène avec fureur.

L E M A G E.

Peuple de Babylone, l'épreuve de la valeur est finie, demain se fait celle de la sagesse, que tout le monde s'assemble devant le palais de la reine, au lever du soleil que là ce chevalier nous prouve que la vertu et la justice sont compagnes de la valeur, que chaque chevalier se retire dans sa tente, que tous jurent sur l'honneur de ne point se parler, de ne point chercher à se connaitre, et de ne sortir qu'aux premiers sons de la trompette guerrière.

(Les chevaliers tirent leur épée et posent la main dessus en forme de serment.)

OLAMAN.

Vertueuse Astartée, fasse le ciel que le jour de demain voye commencer votre bonheur.

(Au peuple.)

Un héros sans doute étranger, va devenir notre chef, nous ne pouvons en être que plus heureux, sans passions, sans intrigues, sans vengeances, il ne sera occupé que du soin de faire fleurir l'empire, et nous prouvera que la Valeur est partout dans sa patrie.

» On reprend la marche dans le même ordre qu'en venant » au tournois. La reine descend de son trône, et quand » elle est au milieu du théâtre, elle met un genoux en » terre, et dit :

Dieu de mes pères éclaire mon amant et protège l'amour d'Astartée.

Elle prononce ces mots à demi-voix).

Fin du second Acte.

ACTE III.

» Au lever du rideau on apperçoit une vaste place dans le » fond une des façades du palais de la reine en avant et » sur le coté. Cinq tentes, la sixième es celle du che- » valier blanc, elle est près de l'avant scène, et a demi- » ouverte, à chaque est attachée l'armure du chevalier » qui y repose. La nuit est très-sombre.

SCÈNE PREMIÈRE.

CADOR SEUL PRÈS DE LA TENTE DU CHEVALLIER BLANC.

(Il se promène d'un air affligé)

Tout dort.... ah! le crime dort-il aussi....? Zadig Zadig, puissè-je préserver une tête si chère ! par les avis que j'ai donnés, la reine, Olaman, sont en sûreté, Azora, mon- tre un courage, une énergie au-dessus de son âge... Puisse l'aurore paraitre bientôt et ne reveler aucuns forfaits étoiles brillantes , rependez la lumière , les scélérats ne marchent que dans l'ombre, vos flambeaux les arréteront.. J'entend du bruit, quelqu'un s'avance.... Si c'est le traître, il n'echapera pas.

SCENE II.

CADOR, ALAKI.

» Cador , Alaki, se cherchent mutuellement pendant » quelques instants Alaki arrête Cador.

ALAKI.

As tu percé le vainqueur ? que fais-tu ici dans cette inaction ? remets moi cette arme... Aucun coup n'a encor été porté ?

(*Il veut lui arracher le poignard avec force.*)
Tu est trop lâche pour me servir.

CADOR , *resiste , terrasse Alaki et lui met le poignard sur la poitrine.*

Traitre , ta vie est entre mes mains , mais je te reserve pour un autre supplice.

ALAKI, *à part.*
Je suis trahi , il n'est pas muet.

SCÈNE III.

LES PRÉCÉDENS ; UNE PATROUILLE.

CADOR.
Au secours je tiens un assassin.

ALAKI.
Non , c'est lui qui en est un.

LE CHEF DE LA PATROUILLE.
Personne ne devant approcher de ces tentes, je vous arrête tous deux.

CADOR.
En arrêtant Alaki , vous sauvez le chevalier Blanc , et la reine de Babyloue.

ALAKI.
C'est lui que j'ai surpris un poignard à la main.

CADOR.
Scélérat tu m'avais armé toi-même, en me croyant ton complice. (*à l'Officier.*) Je vous suis , mais assorez moi qu'Alaki ne vous échappera pas, je vous révélerai tout en chemin.

ALAKI, *à part.*
Je suis perdu.

On les emmène, Alaki semble au désespoir , Cador se tournant du côté de la tente du chevalier Blanc , s'écrie, il est sauvé.

SCENE IV.

» Alaki et Cador sont à peine sortis, que Coraman sort
» de sa tente, tenant à la main son armure verte. Il
» s'avance d'un pas léger, tantôt montre de la joie,
» tantôt de la crainte, il arrive à la tente de Zadig,
» prends son armure blanche met la sienne à la place,
» parre sa tête du casque de Zadig, et s'en retourne
» avec joie et à petit pas.

SCENE V.

ZADIG, *seul.*

QUEL bruit ai-je entendu ? Est-ce toi mon fidèle Cador,
mais je n'entends plus rien... Combien le sommeil a rendu
de forces à mes sens... ? Pendant mon exil je n'ai jamais
goûté un instant de repos. Ah ! l'on ne dort tranquillement
que dans le sein de sa patrie. (*Musique.*) Que je vais la
rendre heureuse, j'oublierai qu'elle fût ingrate... Mais
je n'entends point Cador. (*il appelle.*) Cador, Cador, il
ne réponds pas... O mon fidèle ami, le compagnon de
mes infortune, serais-tu victime de ton dévouement.
» Il retourne à sa tente et se revêt de l'armure verte, et
» s'avance sur le bord de la scène en se coëffant du
» casque. Le jour vient peu à peu.
O toi ! père de la nature, tu commence ta course et
je devrais être au palais de la reine, puissent les dieux
m'inspirer la vérité et faire triompher mon amour. (*il
regarde son bouclier.*) Dieu ! je n'ai plus mon armure.
(*Musique.*) (*il regarde encore.*) Zadig est revêtu des armes
d'un lâche, je suis trahi ! je suis vaincu, il va triompher
que faire ! (*il ôte son casque.*) Panache honteux ton poids
m'accable. (*on entend un appel de trompette.*) N'importe,
marchons, les huées vont m'accueillir, mais je prouverai
mon courage et me ferai rendre justice. (*il sort en disant.*)
Amour, Honneur, Haîne, Vengeance, guidez-moi.

SCENE VI.

ASTARTÉE, OLAMAN, AZORA, LES MAGES, TROUPES, Ect.

» A peine Zadig, est-il sorti, que les cinq Chevaliers se
» présentent devant leur tente, et vont au devant du
» cortège. La marche la plus majestueuse. Musique
» noble et expressive, Gardes, Troupes du peuple, Le
» Hérault d'armes, la Reine conduite par Olaman, et

(24)

» Azora, le chevalier Blanc est reçu au milieu des
» Mages et des vieillards, il est précédé par deux Her-
» cules dont les massues croisées portent un coussin
» sur lequel est posé le bandeau royal. Pendant la
» marche, un trône est élevé pour la Reine, près
» de la tente du chevalier Blanc. Astartée est conduite
» à ce trône, chacun prend sa place, le vainqueur est
» amené à la Reine.

ASTARTÉE, *qui croit que c'est Zadig.*

CHEVALIER que la gloire anime, puisse la divinité vous
inspirer ! Vous nous prouverez que vous êtes digne de
gouverner un grand peuple. (*Coroman salue et ne dit rien.*)

ASTARTÉE, *bas à Azora.*

Quelle froideur. Le sentiment de la victoire détruirait-il
celui de l'amour ? Un trouble involontaire me saisit... un
pressentiment affreux.... Depuis hier je n'ai point vu
Cador ?

CORAMAN, *à part.*

Qu'est devenu Alaki ?

LE MAGE.

Valeureux étranger, vous allez entendre les énigmes
que vous devez expliquer.

Musique Majestueuse.

SCENE VII.

LES PRÉCÉDENS, ZADIG.

» Il arrive avec fierté, l'étonnement rend l'impression
« du mépris qu'inspire la vue du chevalier vert.

KADIG.

J'AI sçu vaincre hier, mais un autre porte mes armes ;
en attendant que je le prouve, je demande à expliquer les
énigmes.

ASTARTÉE, *à Azora.*

Quelle voix ! Est-ce une illusion.

CORAMAN, *semble très-agité.*

LE GRAND MAGE.

Chevalier ? voici la première question.
Je préside aux destins, à chaque instant j'expire,
J'apporte les plaisirs, j'apporte les malheurs,
Mes sujets sont soumis, et dans mon vaste empire,
Si je cause des biens, je cause aussi des pleurs,
    Quand on me perd, on me regrète,
Et cependant jamais on ne peut m'arrêter ;
    Plus d'une belle à sa toilette
Redoute mon passage et ne peut l'éviter :
Je préside aux combats, aux revers, à la gloire,
j'élève au plus haut rang l'honneur et ses succès,

Je conduis les talens au temple de mémoire,
Et c'est de moi bientôt que l'on aura la paix.

Tous les chevaliers font signe qu'ils ne peuvent dire le mot.   Z A D I G.

C'est le tems.

L E   M A G E.

Je suis dans les palais,
Je suis dans les chaumières,
Et tout dans la nature agit par mon pouvoir,
On ne me connaît point en ouvrant les paupières,
Et jamais les humains n'ont pu m'appercevoir,
J'habite dans les airs, sur la terre et dans l'onde,
Je suis du genre féminin,
Sans moi, que deviendrait le monde?
Bientôt on en verrait la fin ;
On ne pourrait jamais courir à la victoire,
Eh bien, on me reçoit sans me remercier,
On me conserve, hélas! sans trop m'apprécier,
Et souvent on me perd, en courant à la gloire.

(Tous les chevaliers font signe qu'ils ne comprènent pas le sens de la question.) Z A D I G.

C'est la vie.

L E   G R A N D   M A G E.

Votre réponse est juste, et si vous eussiez triomphé dans le combat, vous seriez aujourd'hui notre chef.

Z A D I G.

Peuple de Babylone, et vous braves chevaliers, hier je fus vainqueur et la beauté (*montrant la Reine*) a couronné ma valeur. (*montrant Coraman.*) Cette armure blanche m'appartient : elle me fût enlevée par ce cache. (*a la Reine.*) Permettez que je le lui prouve avec cette arme, qui au tournois m'a valu la victoire.

  La Reine fait signe qu'elle y consent. Pendant ce com-
» bat, elle montre de l'effroi de l'espérance. Zadig
» tire son épée, (*Musique forte et animée.*) Coraman,
» prend son arme, et va pour en frapper Zodig à la
» tête, celui-ci pare le coup et renverse son adversaire;
» il lui met un genou sur la poitrine, et son épée au
» défaut de la cuirasse.

Z A D I G.

Avoue que tu es un lâche, ou tu es mort.

S C È N E   V I I I.

» Les précédens, Cador et Aleki enchaînés tous les deux.
» Le premier a l'air noble, et le dernier montre de
» l'audace. Cador, prenant le chevalier blanc, pour
» Zadig, se jette au près de lui *en disant...*

C A D O R.

O mon ami, je ne survivrai pas à votre disgrace.

ALAKI, *qui prend le chevalier vert, pour Coraman, s'écrie;*
Coraman est vainqueur !

ZADIG, *repousse Alaki avec fureur, et otant son casque.*
Non perfide il ne l'est pas : le crime ne peut triompher
long-tems , reconnais Zadig.

TABLEAU général, Musique vive.

» Zadig, relève avec empressement Cador , arrache à
» Coraman son casque , ses armes , son bouclier ; et
» lui jette l'armure verte avec mépris, brise les fers
» de Cador, le serre dans ses bras , et dit avec trans-
» port...   ZADIG.

J'ai recouvré ma gloire, et mon ami. (*Il court aux
pieds de la Reine.*) L'amour doit me couronner.

*Astartée, le relève , elle est au comble de la joie. Musique
expressive.*

CADOR.

Peuple Babylonnien , Coroman et Alaki, sont deux
traitres . j'avais feint de me vendre à eux comme muet,
pour découvrir leurs complots. J'ai tout entendu, et
sans moi, cette nuit même, la Reine, le vainqueur le
sage Olaman , Azora , les Mages, et les chefs du peuple
devaient périr.

*Musique , exprimant l'horreur. Coraman et Alaki se
mesurent des yeux.*

CORAMAN, *a Alaki.*

Perfide confident, c'est toi qui m'a forcé... Tu est
l'auteur.   ALAKI.

Lâche, je vais t'apprendre à mourir. (*Il veut se poignarder, a un signal de la Reine , on l'en empêche.*)

OLAMAN.

Qu'on enchaîne Coraman, pour être ensuite livré avec
son complice à toute la rigueur des lois.

CORAMAN, *a Zadig.*

Je n'emporte qu'un regret, c'est celui de ne pas mourir
après toi. (*On les emmènent tous les deux.*)

LES PRÉCÉDENS, EXCEPTÉS, CORAMAN ET ALAKI.
*Olaman , amène Astartée au milieu de la scène, près de
Zadig.*

LE GRAND MAGE.
Prenant le bandeau royal, le pose sur la tête de Zadig

Au nom des Babyloniens , je vous déclare leur roi,
ez leur père, ce sera votre plus beau titre.

Au Peuple.

Et vous , peuple. Livrez-vous à la joie , et célébrez par
vos danses et vos jeux, le triomphe de la valeur et de la
vertu. UN BALLET GÉNÉRAL TERMINE LA PIÈCE

PIÈCES DE THÉÂTRE,

A SIX SOUS PIÈCE,

Qui se trouvent chez FAGES, Libraire, boulevard Saint-Martin, vis-à-vis le Théâtre des Jeunes-Artistes.

TRAGÉDIES.

Ariane, de Corneille.
Athalie, de Racine.
Alzire, ou les Américains.
Andromaque, de Racine.
Bajazet, de Racine.
Béverley, de Saurin.
Catilina, ou Rome sauvée.
Le Cid, de Corneille.
Cinna, de Corneille.
Didon, de Lefranc.
Esther, de Racine.
Les Fureurs de L'amour.
Gabrielle de Vergy.
Gustave, de Piron.
Mariamne, de Voltaire.
Les Horaces, de Corneille.
Les Héros de Cuisine.
Inès de Castro.
Iphigénie en Aulide.
Mahomet, de Voltaire.
La Mort de Bucéphale.
Mérope, de Voltaire.
Mithridate, de Racine.
Medée, de Longepierre.
Mistouflet.
La Mort de César.
La Mort de Pompée.
Œdipe, de Voltaire.
Oreste, de Voltaire.
L'Orphelin de la Chine.
Phèdre, de Racine.
Rhadamiste et Zénobie.
Rodogune, de Corneille.
Sémiramis, de Voltaire.
Spartacus, de Saurin.
Turlututu et Cascarinette.
Venceslas, de Rotrou.
Zaïre, de Voltaire.

COMÉDIES.

L'Amant Auteur et Valet.
L'Aveugle Clairvoyant.
L'Avocat Patelin.

Le Babillard.
Le Calcul de la vie (nouveau.)
Le Cercle ou la Soirée. etc.
Le Consentement forcé.
Crispin rival de son maitre.
Crispin médecin.
Le Cocher supposé.
La fausse Correspondance.
Le Cocu imaginaire.
Le Dépit amoureux.
Le Dédit.
Le Dificultueux (nouveau.)
L'Esprit de Contradiction.
L'Epreuve.
L'Ecole des maris.
Les fausses Infidélités.
Les fausses Confidences.
Celestine ou la fille Alcade.
La feinte par amour.
Le Florentin.
Le Français à Londres.
Les Folies amoureuses.
La Fausse Aguès.
La Femme romanesque (nouv.)
L'Impromptu de Campagne.
Les Jeux de l'amour.
Le Joueur, de Régnard.
Le Legs, de Marivaux.
Lucile, (nouvelle.)
Le misantrope.
Le Médecin malgré lui.
M. de la Chaponardière.
Nanine, de Voltaire.
L'Oracle, de Ste Foi.
Les Originaux.
La Partie de chasse d'Henry IV.
La Pupille, de Fagan.
Pigmalion, de J. J. Rousseau.
Le Pretendu et le Prétendant.
Le Pere de famille.
Les Plaideurs, de Racine.
Le Père prudent.
Ribote le savetier, (nouvelle.)

Le Roi de Cocagne.
Le Retour d'Astrée (nouvelle.)
Sganarelle.
Le Somnambule.
Les Suppléans (nouv.)
Le Tartuffe.
Petit-Pot parodie de Tipoo-Saïb.
Turcaret, de Lesage.
Les Trois Frères Rivaux.
Une Journée de Frédéric II. (nouv.
Les Vendanges de Suréne.
J'ai perdu mon procès.
La Grande Ville.

VAUDEVILLES NOUVEAUX.

L'Antiquomanie.
Arlequin tout seul.
Allons en Russie.
L'Amour au village.
Fanchon dans ses montagnes.
Les Deux sentinelles.
La Mère Camus.
Fanchon toute seule.
Le Voyage autour de ma chambre.
Lisette toute seule.
Le Soldat tout seul.
L'Ivrogne tout seul.
Chérubin tout seul.
Un Trait de Fanchon la vielleuse.
Le Repentir de Madame Angot.
Arlequin, Esclave a Bagdad.
L'Ivrogne et sa femme.
La Vérité dans le Puits.
La Sistomanie.
Madame révêche.
Le Hameau de Chantilly.
Le Vaudeville on relache.
Cadet-Roussel aux champs Elisées.
Cassandre tout seul.
Croutinet ou le salon.
Colombine toute seule.
Cinq et Deux font Trois.
La Clef forée.
Figaro tout seul.
Florestan ou la leçon.
Frontin tout seul.
La Fille en Loterie.
Georges et Pauline.
Gilles bon ami.
Gilles tout seul.
Jean Racine et ses enfans.
Jean Lafontaine.
Jeannot tout seul.
Le Jugement d'empeigne.
Molière avec ses amis.
Nicaise tout seul.

La Lanterne magique.
Pradon sifflé, battu.
La Paix ou le retour.
Le Petit Chaperon rouge.
La Petite Revue.
Le Petit Jules.
Parlez pour moi.
Le Quaterne.
Le Singulier mariage.
Le Tableau de Raphael.
Tricotinet.
Molé aux champs Elysées.

MÉLODRAMES NOUVEAUX.

Sophie et Linska ou l'ambition.
Philippe d'Alsace.
L'Enfant sauvage.
La Fille coupable, repentante.
La Bergète de Saluces.
Madame Angot au Malabar.
Rachel ou la belle Juive.
Jacqueline d'Olzebourg.
Les Chevaliers du Lion.
Oreste ou les visions du crime
Le Nain Jaune.
Guillaume le Conquérant.
Griseldis ou la vertu à l'épreuve.
La Tour du Sud.
La Belle Milanaise.
Eliza.
La Forêt Périlleuse.
La Fausse Isaure.
Joseph, eu cinq actes.
M Jocrisse au Sérail.
Maria, ou la Forêt de l'Imberg.
M. de Croustignac.
Le Petit César.
Le Petit Poucet, en cinq actes.
Les Prestiges.
Richardet en quatre actes.
Riquet à la Houpe.
Rosaure de Valencourt.
Urbino et Juliana.
Les Victimes de l'ambition.
Repentir et générosité.
La Fille mal gardée.
L'homme d'airain.
L'Amour et l'Innocence.
Zadig, ou la destinée.

OPÉRAS.

Alceste, en trois actes.
Armide, en trois actes.
Les Deux Chasseurs.
Le Devin du village.
Les Horaces, en trois actes.
Vert-Vert ou le perroquet.